LES CARTULAIRES

DE LA

BARONNIE DE BRICQUEBEC

PAR

M. Léopold Delisle

SAINT-LO

IMPRIMERIE F. LE TUAL, RUE DES PRÉS, 5

—

M DCCC XCIX

LES CARTULAIRES

DE LA

BARONNIE DE BRICQUEBEC

PAR

M. Léopold Delisle

SAINT-LO

IMPRIMERIE F. LE TUAL, RUE DES PRÈS, 5

—

M DCCC XCIX

LES CARTULAIRES

DE LA

Baronnie de Bricquebec.

Des archives de la baronnie de Bricquebec il subsiste deux cartulaires à l'aide desquels on peut suivre pendant plus de deux siècles l'histoire de cette baronnie et de la famille des Bertran, qui l'a possédée depuis l'établissement du duché de Normandie jusqu'au milieu du xiv° siècle.

Le grand cartulaire, dont j'ai dû la communication, en 1891, à l'obligeance de M. Julien Félix, conseiller à la cour d'appel de Rouen, a été copié dans la seconde moitié du xiv° siècle : les dernières pièces sont signées R. Guibelet, notaire, auquel il faut sans doute attribuer la transcription du registre tout entier. C'est un volume in-folio de 44 feuillets de parchemin, non compris trois feuillets préliminaires, sur lesquels deux tabellions royaux du siège de Cenilly, en la vicomté de Granville, ont copié, le 5 février 1482 (nouveau style) neuf chartes ou lettres (de 1259 à 1338) relatives au péage de La Roche-Guyon. Sans compter ces neuf pièces, le cartulaire contient 138 actes, dont 3 du xii° siècle, 13 des environs de l'année 1200 et 52 du xiii° siècle. Les actes se succèdent dans un désordre à peu près complet, les uns se rapportant à la baronnie de Bricquebec et au Cotentin, les autres à la baronnie de Roncheville, à Honfleur et à des terres du pays d'Auge. Le recueil commence par une charte de Richard Cœur de Lion, datée de Spire le 6 janvier 1194. Il y a plusieurs chartes relatives à la dot ou au douaire des femmes qu'épousèrent les Bertran du xiii° et du xiv° siècle : Jeanne Taisson, dame de Thuri, au commencement du xiii° siècle ; Alice de Tancarville, vers 1245, Philippe de Nesle, vers 1269, et Marie de Sulli, vers 1318.

Le petit cartulaire, qui fait partie du cabinet légué à la ville de Caen par le libraire Mancel, a été copié en 1405 par Nicolas de Mons, notaire impérial, par l'ordre de Fouquet Painel, seigneur de Hambie et de Bricquebec. Il consiste en 76 feuillets de parchemin, in-quarto. C'est un double des 124 premières pièces du grand cartulaire ; les cotes des deux manuscrits sont identiques jusqu'au n° 65 ; les rôles de redevances et de prestations, la Coutume de la forêt de Bricquebec et le dénombrement féodal (1), qui sont cotés 66-78 dans le grand cartulaire, forment les n°° 66-70 du petit ; les pièces copiées dans le grand cartulaire sous les cotes 79-124 correspondent aux n°° 71-112 du petit. Les actes sont donc rangés suivant le même ordre dans les deux manuscrits ; mais le notaire qui a rédigé le petit cartulaire a dû travailler directement sur les documents originaux, et ses copies sont parfois plus correctes que celles du grand registre. Outre ce mérite, le petit cartulaire a l'avantage de nous fournir deux documents qui manquent dans l'autre : d'abord, au fol. 75 v°, un état des fiefs relevant de la baronnie de Bricquebec dans le Cotentin, conforme à celui qui est consigné dans les registres de Philippe-Auguste (§ 118 et 119 de l'édition du Recueil des historiens, t. XXIII, p. 634 et 635) ; puis, au fol. 76 v°, une liste des femmes des seigneurs de Bricquebec, avec les armes des familles auxquelles ces dames appartenaient.

Ce qui donne un prix particulier au grand cartulaire, c'est, d'une part, le dossier concernant le péage de La Roche-Guyon et d'autre part la série des pièces cotées 125-138. L'une de ces pièces, le n° 128, est assez curieuse pour l'histoire des anciennes coutumes de Normandie.

Dans cette charte, datée du mois d'août 1318, relative au mariage de Robert Bertran, sire de Bricquebec, et de Marie de Sulli, le roi Philippe le Long fait une allusion formelle au chapitre du Coutumier de Normandie portant que le mari ne peut pas assigner à sa femme un douaire supérieur au tiers de sa fortune. A la demande des parties, il use de sa prérogative royale pour empêcher que cette disposition du Coutumier pût dans la suite être invoquée à l'encontre des engagements pris par Robert Bertran au profit de sa fiancée. Il y a là un exemple très curieux de l'intervention du pouvoir royal, dès le commencement du XIV° siècle, pour modifier le droit coutumier. Je cite le texte du passage :

Et comme par la coustume et les registres de Normendie li hons ne puisse doüuer sa fame de plus de la tierce partie de sa terre, encore avoec ce les promesses et les convenances faitez contre la dite costume et contre les dis registres sont de nulle value, li devant diz Robers Bertrans, pour luy et pour tous ceuls qui pourroient avoir cause de luy ou temps à venir en cest fait, a renoncié

____

(1) Ce dénombrement (fol. 18 v° du grand cartul. et fol. 42 du petit) date du XIII° siècle et renferme quelques détails dont l'équivalent n'est pas dans les registres de Philippe-Auguste.

et renonce par devant nous à la dite costume et auz diz registres et à tout le droit et à toute l'action qui li porroit appartenir ou que il pourroit parsuir par cause de la dite coustume et des diz registres contre les convenances devant dites, et nous a supplié que nous dès orendroit declar[i]ons et prononcions les dites convenances, en la manière que elles sont par dessus escriptes et devisées, estre de value et estre mises à execucion comme chose jugie en nostre court, non contrestant les coustumes et registres devant ditez, toutez foiz que li cas eschairoit et que par la dite Marie ou ses amis nous en serons requis, et que, à greignour fermeté, nous vueillons mettre nostre decré en ces convenances devant dites, et de nostre auctorité royal toutes les dites coustumes mettre au nient en tant comme ellez seroient contraires au dessus dites convenances...

... Les convenances sur le douaire promis et acordé à la dite Marie, si comme dit est, loons, greons, approuvons et de certaine science confermons, declarons et prononcions et de nostre plain pooir et auttorité royal decernons valoir, tenir et estre misez à execucion, sans contredit, comme chose jugie en nostre court, tontefoiz et quant li cas s'i offrera, non contrestant tous registres et coustumes contraires, lesquels, de certaine science et de nostre auttorité royal, nous ostons, du tout quassons et anullons en tant comme elles seroient contraires aux convenances, obligacion, renunciacion et aux autres choses dessus dites et à chascune d'icelles...

Je vais maintenant donner, en suivant l'ordre chronologique, l'analyse des chartes contenues dans les deux cartulaires. Le lecteur voudra bien se rappeler que les 124 premières chartes sont copiées dans les deux cartulaires ; les chartes 125-138 ne se trouvent que dans le manuscrit de M. Félix.

1100. — Robert Bertran exempte de payer des droits à Honfleur les serviteurs et les messagers de l'abbaye de Montivilliers. — (n° 15.)

Il est possible que le millésime de cette charte n'ait pas été copié complètement dans les cartulaires. Il me semble très probable que la pièce appartient à une année de la fin du XII° siècle.

6 janvier 1194. — Richard Cœur de Lion, roi d'Angleterre et duc de Normandie, confirme à Robert Bertran, toute la terre qui avait appartenu à Robert, son père. La charte a été expédiée pendant la captivité du roi ; elle est datée de Spire, où le roi était prisonnier de l'empereur. — (n° 1.)

1195. — Robert Bertran donne à son sergent, Herbert de Barneville, cinq acres de terre dans son domaine de *Titot*, et une acre de pré à Pennedepie (c°ⁿ de Honfleur). — (n° 48.)

Sans date, mais avant l'année 1204. — Robert Bertran concède à Pierre Boschier trois vergées de terre près d'un cours d'eau appelé « le Doit Mortin, » avec le droit d'y établir un moulin à tan. La concession est faite moyennant une somme de 20 livres en monnaie d'Angers, ce qui indique une époque antérieure à la conquête de la Normandie par Philippe-Auguste. — (n° 17.)

Sans date, mais avant l'année 1204. — Robert Bertran confirme à Henri de Tilli ce que celui-ci tenait à Tilli-sur-Seulle. en reconnaissant que le chateau de Tilli était tenu du roi. Il donne au même Henri le fief que Guillaume le Breton tenait à Audrieu et qui devait le service d'un chevalier. Robert Bertran reçut de Henri de Tilli une somme de 47 livres monnaie d'Angers. Témoins : Raoul Taisson, Philippe de Vaussieux, Raoul Patri, Guillaume de Blosseville, Amauri de Tibouville, Robert Mauvoisin de Rosel, Raoul de Bricquebec, Hugues de Barneville, Guillaume de Fauguernon, Galeran de Pontieu, Guillaume de Saucey, Guillaume Quartel. — (n° 59.)

Sans date, mais avant 1204. — Robert Bertran donne à Robert Brienchon le fief de Raoul Frumont, à charge de payer un aide de 3 sous monnaie d'Angers. Sont témoins les fils de l'auteur de la charte : Guillaume Bertran et Robert Bertran, le jeune. — (n° 22.)

Sans date, mais avant l'année 1204. — Robert Bertran donne à l'abbaye de Saint-Sauveur le patronage de l'église de Notre Dame « de Homme » (L'Ile-Marie), avec une rente de 20 sous, monnaie d'Angers, à prendre sur la prévôté de « Homme. » — (n° 14.)

Sans date. — Robert de Brienchon et Mathilde, sa femme, concèdent à Guillaume fils de Payen trois acres de terre dépendant de leur fief du Val Guiscard *(Vallis Wiscart)*. Parmi les témoins de l'acte, Robert Bertran le jeune, Robert de Sully, Raoul de Bricquebec, Adam, curé de Quettetot *(Ketetot)*, et toute la paroisse. — (n° 125.)

Sans date. — Robert Bertran, sire de Bricquebec, concède à Richard le Bequerel une masure sise à Bricquebec. — (n° 56.)

Sans date. — Robert Bertran donne à Richard Bacon, son chevalier, 30 acres de terre situées près de la haie de Pierreville, entre la chapelle de Saint-Jacques et le vivier de Senoville, moyennant une redevance annuelle d'un épervier. Parmi les témoins : Adam de Sottevast, Roger de Joganville, Hébert de Barneville. — (n° 53.)

Sans date. — Robert Bertran concède à son sergent Nicolas le Moine 3 acres de terre sises à Barneville, à charge de fournir annuellement un épervier, ou à défaut d'épervier 6 deniers.

Témoins : Pierre, abbé de Blanchelande, et Roger, abbé de Saint-Sauveur. — (n° 38.)

Sans date. — Robert Bertran donne à la chapelle Sainte-Croix et aux deux prêtres qui la desservent une rente de 22 quartiers de froment, à prendre sur le moulin « de L'Estanc, » et la dîme des anguilles de la pêcherie de ce moulin. La rubrique de la charte porte : « capella Sancte Crucis in Nemore. » — (n° 34.)

Sans date. — Robert Bertran donne à Guillaume de Bouquetot des franchises dans la terre de Fauguernon. — (n° 35.)

Sans date. — Robert Bertran concède des franchises à Raoul de Bricquebec. — (n° 20.)

Sans date. — Robert Bertran, de Barneville, donne à Jean Le Tort, de Honfleur, un terrain sis à Honfleur. — (n° 39.)

Sans date, mais après 1204. — Robert Bertran, sire de Bricquebec, abandonne aux moines de l'abbaye de Lessay les droits qu'il pouvait avoir sur la terre de Sottevast, donnée à ces religieux par Guillaume des Perques (de Perchis). Les religieux payèrent 60 livres tournois à Robert Bertran. — (n° 13.)

Sans date. — Accord entre Robert Malet, chevalier, seigneur de Planes, et Robert Bertran, chevalier, seigneur de Bricquebec, et Guillaume Bertran, chevalier, frère de Robert, au sujet de la dot de Jeanne Bertran, sœur desdits frères et femme de Robert Malet. — (n° 23.) — Il y a sous le n° 51 une autre charte relative à cet accord.

1221. — Robert Bertran confirme à l'abbaye de Saint-Ouen de Rouen les donations que Robert le Fort et Suzanne, femme de celui-ci, avaient faites pour doter le prieuré de Notre-Dame de Beaumont en Auge, savoir : 1° l'église de Magneville ; 2° deux gerbes (c'est à dire les deux tiers de la dîme) de Notre-Dame de Bricquebec, avec 30 acres de terre, la présentation à l'église réservée au seigneur ; 3° l'église de Notre-Dame du Vrétot (de Ovritot), avec la présentation à l'église et 30 acres de terre ; l'église de Saint-Pierre de Surtainville, avec 30 acres de terre ; la dîme du moulin à tan de Bricquebec ; la dîme des marchés de Saint-Paul (de nundinis Sancti Pauli). — (n° 9.)

22 juillet 1228. — Robert Bertran, chevalier, donne 100 sous tournois de rente à prendre sur sa prévôté de Honfleur, pour fonder l'anniversaire de sa sœur Isabelle, jadis dame de La Roche, dans l'église de la Trinité de La Roche (de Rocha). — (n° 18.)

1 avril 1240 (nouv. style). — Guillaume de Magneville (*de Magnavilla l'Egarée*), chevalier, vend à son seigneur, Robert Bertran, les moulins de Magneville, moyennant la somme de 500 livres que le dit Robert avait payée au roi pour le dit Guillaume. — (n° 44.)

Septembre 1240. — Robert Bertran, chevalier, fils de Robert Bertran et de Jeanne, dame de Tury, donne aux moines du Mont-Saint-Michel la franchise de 100 porcs dans ses forêts de Bricquebec. — (n° 26.)

Juillet 1241. — Guillaume de Magneville, chevalier, vend à Robert Bertran, chevalier, qui avait payé pour lui 500 livres tournois au roi, ses moulins situés entre la Haye de Robert à Magneville et les moulins de Robert à L'Etang, plus toute la terre qu'il avait entre la rivière d'Ouve *(Ouva)* et la forêt de Robert. — (n° 54.)

Juillet 1241. — Robert Bertran, chevalier et sire de Bricquebec, qui avait payé 500 livres tournois dues au roi par Guillaume de Magneville, se tient pour remboursé de cette somme moyennant l'abandon des moulins de Magneville. — (n° 124.)

Juillet 1241. — Guillaume de Magneville, chevalier, reconnaît n'avoir rien à réclamer sur les moulins de Magneville cédés à Robert Bertran, ni à l'occasion de la vente de son manoir de Magneville qu'il avait consentie à Jean de Maisons. — (n° 45.)

1241. — Jean de Maisons, bailli du roi, reconnaît n'avoir rien à réclamer de Robert Bertran, pour les biens situés à Magneville, que Guillaume de Magneville, chevalier, avait assignés au dit Robert. — (n° 46.)

1243. — Henri du Quesney, chevalier, donne à Guillaume de Bricquebec, fils de Guillaume, chevalier, de Bricquebec, une pièce de terre située *apud Balnea Billete*. — (n° 37.)

1245. — Guillaume le Chambrier de Tancarville, chevalier, dote sa sœur Alice, qui épousait Robert Bertran, chevalier. — (n° 2.)

Janvier 1246 (nouv. style). — Robert Bertran, chevalier, sire de Bricquebec, concède à Robert de Gonneville, une pièce de terre appelée L'Angle, située entre un bief et l'eau de Sie *(Angulus inter beium et aquam Seye)*, avec droit d'y faire un moulin. — (n° 41.)

29 septembre 1250. — Baudouin, abbé de Montebourg, prend l'engagement de ne point troubler le marché que Robert Bertran, chevalier, avait à Bricquebec le samedi, c'est à dire le même jour que le marché de Montebourg. — (nᵒˢ 7 et 126.)

Décembre 1250. — Robert Bertran, chevalier, seigneur de Bricquebec, donne à Robert de Gonneville, écuyer, le demi fief au Goupil, situé à Saint-Martin le Hébert et quatre acres de terre situées entre l'ermitage des Ifs *(des Iz)* et la forêt du côté du métier de L'Etang ; plus 6 vergées de pré entre le marais Cornet et le refoul du vivier du Vrétot *(Vritot)* ; plus encore, pour son manoir situé à S. Georges de Néhou, sur l'eau de Sie *(aqua Seie)*, les coutumes forestières dont jouissent les autres coutumiers. La concession est faite à charge de fournir chaque année un épervier, ou à défaut d'épervier 2 sous de monnaie courante. — (nᵒ 21.)

1255. — Robert Bertran, chevalier, fils de Robert Bertran, chevalier, et de Jeanne, dame de Tury, confirme à l'abbaye de Saint-Ouen, la dîme de ses forêts de Bricquebec et de sa haie de Magneville, et les droits de ce monastère sur les dîmes de Bricquebec et les églises de Magneville en Cotentin, de Notre-Dame du Vrétot *(de Ouvritot)* et de Saint-Pierre de Surtainville. — (nᵒ 10.)

Mars 1255 ou plus probablement 1256 (nouv. style). — Accord entre Guillaume, abbé de Grestain, et Robert Bertran, seigneur de Honfleur, au sujet des ports de Fiquefleur et de Cramefleu *(Fiqueflou et Cramanflou)* : Robert en aura la jouissance s'ils sont naturellement améliorés par l'action des eaux, sans le travail de l'homme ; si l'amélioration résulte de l'emploi du bois ou des pierres et que Robert supporte le tiers de la dépense, il jouira du tiers des produits. Autrement la totalité des produits appartiendra à l'abbaye. — (nᵒ 8.)

Fiquefleur est une commune du département de l'Eure (canton de Beuzeville) ; le port de Cramefleu est sur le territoire de Fatouville, même département.

Décembre 1256. — Robert Bertran, chevalier, accorde des franchises à Raoul Le Mire *(Medicus)*, son bourgeois de Honfleur, qui était tenu de fournir une embarcation à son seigneur, toutes les fois que celui-ci voulait passer en Angleterre. — (nᵒ 19.)

Février 1270 (nouv. style). — Simon de Clermont, sire de Nesle, chevalier, dote sa sœur Philippe, qui épousait Robert Bertran. — (nᵒ 3.)

Mai 1270. — Henri le Maréchal, écuyer, seigneur d'Argentan, vend à Robert Bertran, ecuyer, une rente qu'il avait à prendre sur la prévôté de Honfleur, du chef de sa mère Catherine. Parmi les témoins, Guillaume, prêtre de la chapelle de Bricquebec, et Dreu de Méautis, chevalier. — (n° 4.)

Février 1271 (nouv. style). — Robert Bertran, écuyer, sire de Bricquebec, confirme la dotation de la chapelle de Bricquebec. — (n° 16.)

Janvier 1273 (nouv. style). — Robert Guillemon, fils de Mathilde As Parisiez vend à Guillaume Rouf, prêtre, chapelain de la chapelle Sainte-Croix au bois de Bricquebec *(capella Sancte Crucis in nemore de Briquebec)*, un ménage situé au bourg de Bricquebec. — (n° 36.)

Mars 1274, ou plus probablement mars 1275 (nouv. style). — Accord de Guillaume Bertran, écuyer, avec son frère aîné, Robert Bertran, chevalier, pour le partage de l'héritage de leurs parents. Robert tiendra du roi, par un seul hommage, sa baronnie comprenant Roncheville, Bricquebec et Honfleur. Il abandonne à son frère les terres de Fontenay-le-Marmion, Bretteville-sur-Laise, le Mesnil-Patri et Fauguernon. La mère de Robert et de Guillaume, qui vivait encore, devait être Alice de Tancarville. — (nᵒˢ 6 et 127.)

Mars 1275 (nouv. style). — La terre de Fauguernon ayant été, par le précédent partage, détachée de la baronnie de Roncheville, le roi Philippe le Hardi autorise Robert Bertran, sire de Roncheville et de Bricquebec, à réunir sa terre de Honfleur à sa baronnie de Roncheville. — (n° 5.)

Mars 1277 (n. st.). — Robert Bertran, sire de Bricquebec, donne par échange à Sibille, veuve de Gautier Le Queu, trois pièces de terre, situées dans le bourg *de Baeille*, au Val Épellenc *(ad vallem Espellenc)* près du nouveau parc, et près du moulin à foulon. Ces pièces seront tenues de l'église Notre-Dame de Bricquebec. — (nᵒˢ 40 et 91.)

Octobre 1278. — Dreu de Méautis, chevalier, cède à Robert Bertran, sire de Roncheville, les droits qu'il pouvait avoir sur le moulin de Darnetal en Cotentin, près de la rivière d'Ouve. — (n° 52.)

5 et 7 novembre 1278. — Lucas dit Le Caneluy, de Portbail, vend à Robert Bertran, chevalier, sire de Bricquebec, une rente de 6 boisseaux de froment à prendre sur les moulins de L'Estanc, à Bricquebec. — (nᵒˢ 79 et 33.)

Octobre 1280. — Robert Bertran, chevalier, seigneur de Roncheville, baille à Gautier Maugounel un terrain situé à Honfleur. — (n° 49.)

Juillet 1281, à Paris. — Le roi Philippe le Hardi ayant conclu un échange avec Nicolas Malesmains, chevalier, déclare que les biens cédés à celui-ci dans la vicomté d'Auge, seront tenus de Robert Bertran, chevalier. — (n° 57.)

22 avril 1283. — A l'assise de Carentan, il est reconnu que Robert Bertran, chevalier, est en possession du patronage de l'église de Saint-Pierre de Sotteville, que l'abbé de Cérisy lui contestait. — (n° 29.)

Les droits de Robert Bertran sur ce patronage furent de nouveau reconnus à l'assise de Carentan le 9 mars 1284 (nouv. style). — (n° 28.)

Mai 1283. — Robert Bertran, sire de Roncheville, exempte les moines de Beaumont en Auge du paiement des droits de coutume à Honfleur. — (n° 11.)

Octobre 1283. — Vente d'une rente de froment consentie à Robert Bertran, chevalier, sire de Bricquebec, par Guillaume de Méautis, chevalier. — (n° 43.)

1 novembre 1283. — Eustache, évêque de Coutances, déclare que Robert Bertran, seigneur de Bricquebec, lui a présenté Mathieu Le Gouz, prêtre, pour être nommé à la cure de Sotte-ville, vacante par la résignation d'un nommé Nicolas. — (n° 30.)

6 novembre 1283. — Plaisance du Bisson, fille de Geoffroi du Bisson, chevalier, abandonne à Robert Bertran, chevalier, sire de Bricquebec, les droits qu'elle avait sur le patronage de l'église de Saint-Pierre de Sotteville. — (n° 27.)

15 novembre 1283. — Charte dans laquelle la même Plaisance se dit veuve de Guillaume de Tholevast. — (n° 32.)

15 mars 1284 (nouv. style). — Eustache, évêque de Coutances, mande au doyen des Pieux d'instituer Mathieu Le Gouz, curé de Sotteville. — (n° 31.)

Mai 1286. — Robert Bertran, chevalier, seigneur de Roncheville, conclut un accord avec les religieux de Sainte-Catherine du Mont de Rouen au sujet des droits féodaux exigés des hommes de l'abbaye établis à « Ernolmesnil, en la paroisse de Magneville l'Esgarée. » — (n° 12.)

Février 1287 (n. style). — Renaud, abbé de Grestain, s'entend avec Robert Bertran, au sujet du travers de la Seine aux ports de Fiquefleur et de Cramefleu. — (n°s 24 et 25.)

20 janvier 1288. — Par devant le bailli de Cotentin, Robert Bertran, chevalier, seigneur de Roncheville, et Philippe, sa femme, déclarent que les hommes de la paroisse de Notre-Dame de La Remmée (sans doute La Ramée, Calvados, c^{on} de Troarn, c^{ne} de Janville) tiennent leurs terres de La Remmée moyennant 5 sous 5 deniers l'acre. — (n° 55.)

13 septembre 1290. — Robert Hastein, écuyer, du Vrétot, fils de feu Nicole, cède à Robert Bertran, chevalier, seigneur de Bricquebec, son fief de Saint-Pierre d'Allonne, avec son droit de patronage de l'église de Saint-Pierre d'Allonne et de la chapelle de « Touville », aux Moitiers d'Allonne. — (n° 61.)

2 janvier 1291 (n. st.). — Acte du vicomte de Valognes relatif à cette cession. — (n° 62.)

1291. — Le bailli de Cotentin, conformément à un arrêt de l'échiquier de Pâques, reconnaît n'avoir pas le droit de vendre au nom du roi pendant le mois de caroi (juillet) les bois de Guillaume de Brucourt, écuyer, alors en la garde du roi. — (n° 47.)

1 janvier 1292 (nouv. style). — Guillaume Crespin donne à Richard Crespin, son fils, ce qu'il avait à Barneville (*in parrochia Sancti Johannis de Barnevilla la Bertranne.*) — (n° 50.)

27 août 1292. — Guillaume de Méautis, chevalier, abandonne à Robert Bertran, chevalier, sire de Bricquebec, le manoir des Perques, tenu par un tiers de fief, en échange du domaine du Homme *(la ville deu Homme).* — (n° 42.)

3 octobre 1292. — P. de Clitourp, clerc, vend à Robert Bertran, chevalier, seigneur de Bricquebec, le patronage de l'église de Saint-Pierre de Breuville (*Buerreville*) et trois vergées de terre situées « desoubz les Roquez, butant as chemins le roy par où l'en va à Chierebourg. » — (n° 90.)

22 septembre 1295. — L'abbé de Corneville associe aux bienfaits spirituels de sa maison Robert Bertran, chevalier, et toute la famille de celui-ci : Robert, son père, Alice, sa mère, Philippe, sa femme, et Guillaume, son frère. — (n° 63.)

5 mars 1296 (n. st.), à Paris. — Le roi Philippe le Bel déclare que le droit de tiers et danger ne doit pas être retenu sur le prix des bois que le bailli de Cotentin avait fait prendre

dans les forêts de Robert Bertran, pour faire les boucliers, les lances et les munitions des nefs royales. — (n° 60.)

28 mai 1297. — Quittance donnée à Robert Bertran, sire de Roncheville, par Simon de Fay, prieur de Beaumont en Auge. — (n° 58.)

24 avril 1298. — Pierre de Gonneville, écuyer, vend à son frère, Robert de Gonneville, écuyer, son manoir de Bricquebec. — (n° 87.)

Mai 1298. — Richard et Jean de Languetot, écuyers, de la paroisse du Vrétot (*Ouvretot*) cèdent à Robert Bertran, chevalier, sire de Briquebec, le tiers du patronage de l'église de Notre-Dame de Quettetot, en échange de la terre du Quesnay, sise en la paroisse de Surtainville. — (n°ˢ 88 et 89.)

7 mai, 9 et 28 juin 1299. — Hébert des Moustiers, chevalier, donne à son filleul, Guillaume Bertran, écuyer, fils de Robert Bertran, seigneur de Bricquebec, la mare de Glatigny, près des paroisses de Surville et de Bretteville. — (n°ˢ 135, 136 et 137.)

1299. — Acte de partage, commençant par ces mots : « Qui ara ceste partie si ara le mesnage d'entre Robert le Cousturier et Robert Auberée. » — (n° 92.)

17 avril 1301. — Accord entre Robert Bertran, chevalier, seigneur de Bricquebec, et Guillaume de Garencières, écuyer, au sujet d'un droit de varech. L'acte est rédigé au nom de Robert Fortin, garde-scel de la vicomté de Valognes, par Vincent Surel, clerc de la dite vicomté. — (n° 64.)

21 août 1303. — Acte relatif à une terre située à Surtainville ; il mentionne Thomas de Bruellie, écuyer, comme ayant la garde de la terre de Robert Bertran, qui était en la main du roi, probablement à cause de la minorité du dit Robert. — (n° 93.)

2 janvier 1308 (nouv. style). — Vente de biens situés en la paroisse du Vrétot (*du Veritot*), consentie à maître Guillaume de Launoy, clerc, par Colin du Quesnoy et par Jouenne, femme dudit Colin, de la paroisse de Portbail. L'acte est reçu par Denis Le Nourichon, clerc, lieutenant de Vincent Surel, clerc de la vicomté de Valognes ; il est rédigé au nom du garde-scel de la vicomté, Robert de Conflans. — (n° 95.)

19 février 1308 (nouv. style). — Vente d'une rente de froment faite à Nicole Le Gambier par Thomas Bouillie, de Bricquebec. — (n° 94.)

13 mai 1308. — Colin du Quesney, de Portbail, vend à dame Philippe, dame de Bricquebec, des rentes assises à Surtainville. — (n° 97.)

16 mai 1308. — Robert Hairon et Nicole, sa femme, de Montebourg, baillent à Robert Bertran, écuyer, seigneur de Bricquebec, ce qu'ils avaient en bourgage à Bricquebec. — (n° 98.)

24 septembre 1308. — Girot Coispel, de Bricquebec, vend une pièce de terre sise à Bricquebec, «jouxte le doit de Bequet.» — (n° 99.)

24 novembre 1309. — Robert de Bruerey, attourné ou procureur de Robert Bertran, figure aux plaids de Rauville. (*Raauville*). — (n° 96).

3 janvier 1311 (nouv. style). — Vente du pré Cornet, en la paroisse du Vrétot (*deu Vritot*), pour acquitter une dette de Robert du Bisson. — (n° 100.)

28 février 1313 (nouv. style). — Accord conclu entre Robert Ernouf, dit Batvilain, et son gendre Robert Harel. Oudin de Saint-Crespin était garde-scel de la vicomté de Valognes. — (n° 101.)

3 août 1313.—Robert Bertran, chevalier, sire de Bricquebec, rend à Jean du Bisson, écuyer, le fief Bacon, situé à Senoville. — Acte vidimé le 28 avril 1315 par Gires Pasquier, garde-scel de la vicomté de Valognes. — (n° 106.)

11 décembre 1313. — Guillaume Renart, de Bricquebec, et Nicole, sa femme, vendent à Robert Bertran, sire de Bricquebec, une rente assise en la paroisse des Perques. — (n° 102.)

16 décembre 1314. — Alexandre de Saint-Martin vend à Robert Bertran, chevalier, ce qu'il avait au Vrétot et à Saint-Pierre d'Arthéglise (*Arqueliglise*). — (n° 103.)

6 août 1315. — Accord entre Robert Bertran, sire de Bricquebec, et Guillaume Faynient, clerc, de Bricquebec, au sujet du ténement de Robert de la Hague, en la paroisse de Fierville. — (n° 107.)

4 octobre 1315. — Robert de Gonneville baille en fief à Richard Groignet, de Bricquebec, un ménage sis à Bricquebec. (n° 104.)

15 décembre 1315. — Robert Ernouf, dit Batvillain, de la paroisse d'Yvetot, vend à Robert Bertran, chevalier, seigneur de Bricquebec, des terres sises à Bricquebec, au lieu dit les Ifs (*les Ys*). — (n° 105.)

12 juillet 1316. — Michel L'Emperère, clerc, de Valognes, prend en fief de Robert Bertran, chevalier, sire de Bricquebec, une pièce de terre sise à Bricquebec. Acte rédigé au nom de Jean de Brandiaucourt, garde-scel de la vicomté de Valognes. par Vincent Surel, clerc, tabellion juré de la vicomté. — (n° 108.)

1 septembre 1316. — Raoul Vent l'Avaine, de Saint-Martin de Golleville, prend en fief de Robert Bertran, chevalier, sire de Briquebec, une pièce de terre sise à Bricquebec.—Acte passé au nom de Jean de Brandiancourt, garde-scel de la vicomté de Valognes. — (n° 109.)

2 octobre 1316. — Vente de rentes faite à Richard Groignet par Jeanne, fille de Raoul Hardi ; Robert de Bruierey, écuyer, étant sénéchal de Briquebec. — (n° 110.)

9 juillet 1317.—Robert de Languetot, de la paroisse du Vrétot, reconnaît avoir usé de son droit de présenter à la cure de Notre-Dame de Quettetot. Aux deux prochaines vacances, le droit de présenter appartiendra à Robert Bertran. Acte rédigé au nom de Gilles Pasquier, garde-scel de la vicomté de Valognes.— n° 113.)

17 septembre 1317. — Vente de rentes faite à Robert Bertran, chevalier, par Jeanne, veuve de Jean de La Porte, et par Richard de La Porte, son fils, clerc, de la paroisse de Vasteville. — (n° 112.)

18 septembre 1317. — Vente de rentes assises à Surtainville, faite à Robert Bertran par Robert Ogier, couturier, et par sa femme Nicole, établis à Paris. — (n° 111.)

Mai 1318. — Confirmation par le roi Philippe le Long du contrat de mariage entre Robert Bertran, chevalier, sire de Bricquebec, et Marie, fille de Henri, sire de Sulli. boutciller de France. Le manoir de Barneville-la-Bertran fut assigné comme dot à Marie de Sulli. Robert Bertran donna comme cautions Robert d'Estouteville, sire de Vallemont, Guillaume Bertran, chanoine de Beauvais, frère du dit Robert, Guillaume Bertran, sire de Fauguernon, et Robert Bertran, sire de Fontenav le Marmion, chevaliers. La coutume de Normandie est ainsi visée dans cet acte : « Et, comme, par la coustume et les registres de Normendie, li hons ne puisse donner sa fame de plus de la tierce partie de sa terre... » — (n° 128.)

Un extrait de cette charte est cité au commencement présente notice.

21 septembre 1322. — Reconnaissance de rentes dues à Robert Bertran, chevalier, par Gires Sauvegrain, clerc, de Hiesville (*Yeville*). Acte passé au nom de Robert du Sartrin, garde-scel de la vicomté de Carentan — (n° 115.)

24 novembre 1323. — Robert de Méautis, prêtre, vend à Robert Bertran, chevalier, sire de Bricquebec, ce qu'il avait à Bricquebec et aux Perques de la succession de son père, Geoffroi de Méautis, chevalier, et de la succession de son frère aîné, Nicolas de Méautis. — (n° 114.)

1 décembre 1323. — Reconnaissance de rentes dues à Robert Bertran, chevalier, par Jean Estienne, Macieu du Maresc et autres. — (n° 116.)

11 octobre 1324. — Richard de Fontenai, écuyer, vend à Robert Bertran, chevalier, une rente sur les moulins de Roncheville. — (n° 117.)

21 octobre 1324. — Thomas du Val, dit du Vaast, de la paroisse de Brucheville (*Buscheville*) vend des rentes à Robert Bertran, chevalier. — (n° 118.)

Juillet 1325. — Le roi Charles IV autorise, au profit de Robert Bertran, seigneur de Bricquebec, autorise la création de deux foires, l'une à Bricquebec, le jour de Sainte Catherine, l'autre à L'Etang, le jour de Saint Nicolas en mai. — (n° 81.)

Mars 1329 (nouv. style). — Le roi Philippe VI autorise Robert Bertran, chevalier, sire de Bricquebec, maréchal de France, à aumôner 60 livres tournois de rente. — (n° 84.)

1 mai 1329. — Robert Bertran, étant à Briquebec, fait une fondation dans la cathédrale de Bayeux, pour lui et pour sa femme Marie de Sulli. Il donne au chapitre 8 livres tournois de rente à prendre sur le tenement d'Amadour le Franchoiz, et venant de la forfaiture d'Alexandre de Saint-Martin, de Brucheville. — (n° 119.)

26 juillet 1329. — Robert Bertran donne à l'abbaye de Blanchelande 50 sous tournois de rente, dus par ses tenanciers de Blosville et de Liesville. — (n° 120.)

Le même jour, il donne une rente de 50 s. t. à l'abbaye de Notre-Dame du Vœu près de Cherbourg. — (n° 121.)

8 septembre 1330. — Robert Bertran donne à la cathédrale de Coutances 12 l. t. de rente à prendre sur les produits du marché et du four de Bricquebec. — (n° 129.)

Décembre 1331. — Le roi Philippe de Valois, à la demande de Robert Bertran, autorise la création d'une foire à Magneville, le jour de Saint-Maur. — (n° 83.)

Novembre 1332. — Jean, duc de Normandie, autorise le maréchal Robert Bertran à vendre annuellement pour 2000 livres tournois de bois dans les forêts Bertran sans payer les droits de tiers et danger, pendant toute l'année, à l'exception du mois de juillet, « qui est appellé en icellui païz le mois de carey. » À la suite d'une enquête provoquée par une lettre du roi Philippe de Valois. — (n° 130.)

26 mai 1323. — Aux assises de Coutances, tenues par Oudart de Montigny, bailli de Mortain, il est jugé à l'encontre de Gillebert des Moustiers, écuyer, que le maréchal Robert Bertran a droit d'exiger du fief de Belleval les droits d'aide de chevalerie et d'aide du relief de la mort du père. Le fief de Belleval, « au devant des forfaittures d'Engleterre, » était tenu par foi et hommage du sire de Bricquebec par un fief de chevalier. Robert Busquet, bailli de Cotentin, était mort au cours du procès. — (n° 80.)

10 juin 1335. — Robert Le Haier, de la paroisse de Glatigny, vend une pièce de terre à Robert Bertran, chevalier. — (n° 86.)

5 novembre 1335. — Guiart de Vauville, écuyer, fils de Gauvain de Vauville, chevalier, s'accorde avec Robert Bertran, sire de Bricquebec, et avec Amauri de Garancières, écuyer, héritier de feu Guillaume de Garancières, écuyer, au sujet du gravage de Vasteville. L'accord est fait au prieuré de Héauville, en présence de Guillaume de Brucourt, chevalier. — Jean, duc de Normandie, étant à Marmoutier le 26 novembre 1335, autorisa les parties à transiger. — L'affaire se termina le 7 décembre, à l'assise de Valognes tenue par Jean Blondel, bailli de Cotentin. — (n° 82.)

2 juin 1338. — Le maréchal Robert Bertran s'entend avec Fouques Painel, chevalier, seigneur de Hambie, pour marier Jeanne Bertran, sa fille, avec Guillaume Painel, fils aîné dudit Fouques. L'argent donné pour la dot de Jeanne est déposé entre les mains de Robert Bertran, chevalier, seigneur de Fauguernon, et d'Olivier Painel, chevalier, seigneur de Moyon. — (n° 85.)

11 décembre 1340. — Le maréchal Robert Bertran baille en accroissement de fief à Robert de Languetot, son verdier à Bricquebec, 2 acres de pré sises au Pommeret, boutant à la voie du Pont Bochart. — (n° 123.)

12 décembre 1340. — Le maréchal Robert Bertran donne à Eustache de Chantelou, chevalier, une rente viagère de 12 charretées de bois à prendre dans la forêt de Bricquebec.—(n° 122.)

24 février 1343 (nouv. style).— Le maréchal Robert Bertran donne à son cousin et compagnon Jean, sire de Magneville, la foire que le roi avait créée en sa faveur (à lui Robert) le jour Saint-Maur à Magneville. — (n° 132.)

27 février 1343 (nouv. style). — Le maréchal Robert Bertran baille en fief à maître Robert Cardones, dit Eremborc, clerc, et à Philipote, sa femme, le ménage appelé le Fayel. — (n° 131.)

1343. — A l'échiquier de Pâques, il est jugé que le maréchal Robert Bertran est en saisine de connaître des appels des jugements rendus par devant ses sénéchaux en sa cour de Roncheville. — (n° 133.)

24 novembre 1348. — Sentence rendue à l'assise de Valognes par le bailli de Cotentin au sujet de la forfaiture de Thomas Blanchet, du Vrétot, réclamée par Guillaume Bertran, chevalier, sire de Bricquebec. — (n° 134.)

29 janvier 1350 (nouv. style). — Sentence rendue aux plaids de Rauville, par Jean Langlois, lieutenant de Robert Carré, vicomte de Valognes, rejetant les réclamations que Guillaume de Sillie, écuyer, seigneur de la Holète, avait faites à l'encontre de Guillaume Bertran, sire de Bricquebec, sur les bois de la Grande Haie. Il avait prétendu que « en icelle haye et eu boys de Harebu il povoit prendre boys pour faire ses hayes à faire sa cache. » — (n° 138.)

1 novembre 1382. — Guillaume, abbé de Saint-Ouen de Rouen, reconnaît la façon dont les religieux de cette maison devaient présenter à madame Philippe Bertran, dame de Roncheville et de Rays, les candidats au prieuré de Beaumont en Auge. Cette dame soutenait que « celui ou celle à qui la presentation appartenoit à recevoir et eslire celui qui lui plairoit à gouverner la dicte priouré, pooit refuser jusques à la tierche presentation, et prendre le presenteur comme l'un des troiz, si lui plaisoit, et que ce portoit par lettres sur ce faittes, et estoit contenu en ses croniques... » — (n° 65.)

En dehors des chartes proprement dites, les cartulaires renferment plusieurs pièces qui ne sont pas les moins intéressantes pour l'histoire de la baronnie. J'ai cru utile d'en insérer ici le texte ou des extraits.

I. *Mémoire sur les alliances des anciens seigneurs de Bricquebec.*

Ce mémoire a été ajouté en caractères du xv⁰ siècle sur le fol. 76 v⁰ du manuscrit de **M. Félix.** Il a été rédigé d'après des traditions fort confuses et erronées sur plus d'un point. Je me réserve de le soumettre à un examen critique dans une notice que j'espère pouvoir offrir une autre année aux lecteurs de l'*Annuaire de la Manche.*

Mémoire des dames qui ont esté à Briquebec depuis IIᶜ ans.

Monseigneur de Briquebec espoussa la fille du roy d'Espaigne, et portoit (1) d'or de guelles de viii piesses.

Item le seigneur de Briquebec qui fu après espousa la fille du seigneur de Vitré, et portoit le seigneur de Vitré de guelles i lion d'argent rampant.

Item le filz du seigneur de Briquebec espoussa la fille Rault Tesson, de Tigneboiz, et portait le Tesson fessié de vi piesses d'ermines et de poelle.

Item monseigneur de Briquebec espoussa la fille au compte de Flandres, et portoit d'or à un lion rampant de sable.

Item le seigneur de Briquebec qui vint après espoussa la fille du chambellan de Tanquerville ; et sont les armes de Tancarville de guelles o une oulle de rees et ung escusson d'argent parmy.

Item le seigneur qui vint après espoussa madame Philippe de Neelle, et sont les armes de Neelle à deulx boes d'or à trefles d'or parmy l'escu.

Item le seigneur qui vint après espoussa la fille du seigneur de Surly en Berry ; et portoit le seigneur de Sully en Berry d'assur à ung lion d'or ranpant à moletes d'or qui ne sont point perchiées.

Item le seigneur qui vint après espoussa la fille de Meullan, et sont les armes de Meullan de guelles à vi rosses d'argent ; lequel seigneur n'eust nulz efans, et susseda sa terre à Madame Jehanne Bertran, femme monseigneur Guillaume Paynel, chevalier, seigneur de Hambuye.

II. *Etat des fiefs relevant de la baronnie de Bricquebec dans le Cotentin.*

Cette pièce se trouve au fol. 18 v⁰ du manuscrit de M. Félix et au fol. 42 du manuscrit de M. Mancel. Il paraît avoir été dressé au cours du xiiiᵉ siècle, et présente beaucoup d'analogie avec celui qui a été inséré dans les registres de Philippe Auguste et dont le texte se trouve dans les *Mémoires de la Société des Antiquaires de Normandie*, tome XV. p. 168, et

(1) Il y a sans doute un mot omis ; peut être *Palle.*

plus correctement dans le *Recueil des historiens de la France,* t. XXIII, p. 608.

Je ne reproduis pas un extrait du registre des fiefs de Philippe-Auguste relatifs aux fiefs que Robert Bertran possédait dans le Lieuvin. Le texte, copié au fol. 76 v° du manuscrit Mancel, s'en trouve dans les *Mémoires de la Société des antiquaires,* t. XV, p 186, et dans le *Recueil des historiens,* t. XXIII, p. 634 et 635.

Les feus de chevalier en Costentin tenuz de mons. de Briquebec.

Pierrevilla, I feodum militis, et debet servicium unius militis et auxilia consueta Normannie.

Blovilla, I feodum militis, et debet servicium unius militis, et auxilia consueta.

Beleval, feodum I militis, et debet servicium, et auxilia consueta.

Magnavilla l'Esgarée, dimidium feodum militis, et debet dimidium servicium et auxilia consueta.

Feodum de Malassis, dimidium feodum militis, dimidium servicium, et auxilia consueta.

Feodum de Prestrevilla, dimidium feodum militis, dimidium servicium, et auxilia.

Feodum de Orlonda, dimidium feodum, dimidium servicium, et auxilia.

Feodum de Holeta (1), tercium feodi, tercium servicii, et auxilia.

Feodum Perticarum (2), tercium feodi, tercium servicii, et auxilia.

Feodum Amaurici de Buschirivilla, tercium feodi militis, tercium servicii et auxilia.

Feodum Willelmi de Sancto Martino apud Ouvritot, sextam partem feodi militis, sextam servicii, et auxilia.

Feodum Hastain, sextam feodi militis, sextam servicii, et auxilia.

Feodum de Dumo, sextam feodi, sextam servicii, et auxilia.

Feodum Petri La Foudre cum pertinentiis, Jord. de Pulcra Quercu, sextam feodi, sextam servicii, et auxilia.

Feodum de Gotranvilla, cum tribus vavasoriis de Sancto Martino, sextam feodi, sextam servicii, et auxilia.

Bernarvilla, dimidium feodum militis, dimidium servicium, et auxilia.

Feodum de Rosel, quartum feodi militis, debet auxilia consueta et dimidium servicium militis ad exercitum quando venit.

Th. de Surtainvilla, sextam feodi militis, sextam servicii, et auxilia.

Feodum Bacon, sextam feodi militis, sextam servicii, et auxilia.

(1) *Houleta,* Ms. Mancel.

(2) *Particarum,* Ms. Félix.

Summa feodorum : vii feoda et dimidium et quartum unius feodi et sextum.

III. *Etat de redevances et de prestations dues par différents tenanciers de la baronnie de Bricquebec.*

Cet état forme les articles 66-72 et 76-78 des cartulaires.

Les articles 66-72 se rapportent aux fiefs du Lieuvin. Je me borne à en indiquer les rubriques : « la visconté, les vavassouries, La Trequieye ; l'aide d'avril ; la cauchiée de Roncheville (obligation de faire ou entretenir un certain nombre de perches de cette chaussée) ; le reparage de la motte et le herichon de Fauguernon ; les vavasories. »

Les articles 76-78 ont trait aux fiefs du Cotentin. Le premier de ces articles indique la somme que chacun des fiefs énumérés dans l'état ci-dessus publié devait payer pour « l'aide Saint Joire, » c'est à dire pour la redevance dûe à la fête de Saint Georges. — Le second a pour objet les charrois que les tenanciers devaient faire pour transporter des denrées ou des matériaux embarqués ou débarqués à Quinéville. — Le troisième est relatif aux corvées exigées pour l'établissement et l'entretien des clotures des parcs et des haies. Voici les premières lignes de chacun de ces deux articles :

Quarreium de Quinevilla. — Petravilla : unum quarrum ad quareium de Quinevilla, et unum quarrum ad fenum adducendum.— Blovilla : unum quarrum ad quareium et unum ad fenum....

Le Parc et la Haie. — Feodum de Petravilla : XXX rapos de parco et totidem de haia. — Blovilla : XXX rapos de parco et totidem de haia....

IV. *Coutumes de la forêt de Bricquebec.*

Cette pièce, qui est copiée au fol. 18 v° du manuscrit de M. Félix et au fol. 40 v° du manuscrit de la collection Mancel, ne constate qu'un petit nombre des usages qui étaient observés dans la forêt de Bricquebec. Il a dû exister des documents renfermant à ce sujet beaucoup d'autres détails et analogues à ceux que nous possédons pour les forêts royales de la Normandie dans le Coutumier des forêts conservé aux Archives de la Seine-Inférieure.

Les coustumes de la forest coustumière de Briquebec.

En l'an de grace mil et trois cens fut accordey entre le seignour de Briquebec et ses borgeis et les porquiez de la parroisse de Briquebec, par commun conseil et par commun acort, que euz et lors hoirs aront dès ore en avant eu meis de carey (1) le vert en gesant

(1) Le mois de juillet, pendant lequel on charriait le bois des forêts ; voyez mes *Etudes sur la condition de la classe agricole en Normandie,* p. 365.

et le sec estant en la forest coustumière, et poent ferir les dis coustumiers iii coups eu vert sans amonder, et ceste coustume est
commune à tous les coustumiers de la forest. Et est ainxi que,
quant les borgeis et les porquiers ont emploié ceste coustume, se
il a arbre brisié en la dicte forest coustumière, euz peuent avoir
du dit arbre une caretée sus le feu, et autre sus l'essoel (1) ; et quant
cele de sus le feu sera emploié, euz poent mettre cele de la carete
et raler à l'autre. Et est assavoir que euz ne peuent mettre ou dit
arbre coing ne mail pour fendre ne pour amenisier, ne ne poent
prendre fors ce que i home et son varlet poent lever en la carete
sans roe abatre, et ont ceste coustume en tout brisié et en tout
voley sans caable ; et deivent avoir eu versey les branques qui sont
desevrées de l'arbre, sans mettre coing ne mail et sans roe abatre,
auxi comme en brisié sans caable. Et les autres coustumiers doivent
avoir le faiz à la hart sans caable, che est assavoir que le caable est
entendu quant on poet veer d'une veue v arbres versés et brisiez
par dessus (2) xv piez d'estoc ; et est eisi que le seignour ou sa gent
peuent monter sur lequel que il voudront des dis v arbrez por voier
les autres quatre. Et se il y avoit meins de v arbres, ce ne seroit
pas tenu pour caable ; et est assavoir que caable ne poent pas estre
jugié por v arbres versés et brisiez seulement, se il n'est en autel
manière en aucun lieu en la forest coustumière. Et est eissi que euz
deivent avoir eu caable l'arbre brisié par desus xv piez, et les
branques voleis, lesquex brisiez et lesquelez voleiez caable n'a hurtey
ne a touchié ; et les deivent avoir en la manière que il les ont hors
le cable, en tel manière que il ne poent avoir ne rien prendre eu dit
caable devant qu'il est jugié par le seigneur et par coustumirs. Et
est assavoir que les borgeiz de Briquebec et ceus de L'Estanc et les
porquirs de Saint-Martin et de Magneville et du Mesnil et des Perques,
et tous les autres porquirs ont une meisme coustume. Et est assavoir
que les borgeis et les porquiers et tous les coustumiers d'entour la
forest deivent avoir, eu meis de may, l'aune et le borguet et le sauz,
por faire lor closturez et pour clorre lor blez, et le deivent avoir de
teil grose (3) que i tarcire roercis ne le peust perchier sans rompre
l'escorche. Et est assavoir que nul coustumier ne poet aler à la coustume en la forest de Briquebec après le mois de carey, tant comme
la costume que euz ont eu eu moys de carey lor dure.

J'ai réservé, pour les indiquer à part, neuf pièces relatives
au péage de La Roche Guyon qui ont été ajoutées après coup en
tête du grand cartulaire de Bricquebec, à une époque où les
baronnies de Bricquebec et de La Roche Guyon appartenaient à
la même famille. Voici, en peu de mots, quel en est l'objet :

Août 1259. — Mathieu, abbé de Saint-Denis, conclut un accord
avec Jean de La Roche, chevalier, sur l'exemption de droits de
péage que l'abbaye de Saint-Denis prétendait avoir à La Roche.

4 novembre 1295. — Par lettres datées d'Asnières, Philippe le
Bel mande à Jean Le Veneur, son chevalier, de faire une enquête

(1) *Autre l'essoel ; ms.* Félix. — *Autre sur l'esseul, ms.* Mancel.
(2) *Par dessouz, ms.* Félix.
(3) *Groisse, ms.* Mancel.

sur un différend qui s'était élevé entre le sire de La Roche et les gens de la reine Marguerite, veuve de saint Louis.

26 juillet 1310. — Un fils de saint Louis, Robert, comte de Clermont, sire de Bourbon, prie Gui de La Roche de lui renvoyer un hanap qui était resté entre ses mains, probablement à titre de gage, pour l'acquit de droits de péage.

9 juin 1322. — Charles, comte de Valois, fils du roi Philippe le Hardi, reconnaît devoir acquitter les droits de péage au profit de Gui, seigneur de La Roche.

Octobre 1322. — Semblable reconnaissance, émanée de Robert d'Artois, comte de Beaumont.

7 jui 1324. — Semblable reconnaissance de Philippe, comte d'Evreux.

27 mars 1331 (nouv. st.). — Mandement du roi Philippe de Valois, portant que les vins destinés à la maison royale sont seuls exempts de droits de péage à La Roche Guyon.

25 avril 1333. — Philippe, roi de Navarre, donne des lettres de non préjudice pour l'exemption de droits de péage dont il s'était prévalu à La Roche Guyon.

23 juin 1338. — Le connétable de France prie « l'Archevesque de La Roche » de laisser passer en franchise trente tonneaux de vin destinés aux garnisons de l'hôtel du Parc, et cela sans porter préjudice aux droits de péage à lever à La Roche.

Le cartulaire de la baronnie de Bricquebec fournit ainsi quelques documents se rapportant à l'histoire de La Roche Guyon. En retour, les archives de La Roche Guyon sont riches en renseignements sur l'histoire de la Basse Normandie, et je dois signaler à mes compatriotes les révélations que nous ont apportées à ce sujet deux intéressantes publications de M. Emile Rousse : *La Roche Guyon, châtelains, château et bourg* ; Paris, Hachette, 1892 ; in 16 ; — *Une famille féodale aux XVe et XVIe siècles : Les Silly, seigneurs de La Roche Guyon* ; Paris, Hachette, 1898 ; in-16.

L'héritage des Bertran passa dans la famille des Painel par le mariage de Jeanne Bertran, fille du maréchal, avec Guillaume Painel, baron de Hambie, puis dans celle d'Estouteville, par le mariage de Jeanne Painel avec Louis d'Estouteville, le célèbre défenseur du Mont-Saint-Michel contre les Anglais.

A la mort de Louis d'Estouteville, la succession de ce puissant seigneur fut partagée entre deux fils : Michel, sire d'Estouteville et de Valmont, et Jean, sire de Bricquebec et de Hambie.

Michel d'Estouteville épousa Marie de La Roche Guyon. Il établit sa résidence à Hambie, où il fit transporter le riche mobilier de son beau-père, décédé à une date incertaine, 1456, 1457 ou 1460. C'est dans le château de Hambie que la malheureuse Marie eut à subir, du vivant de son mari et surtout après la mort de celui-ci, arrivée en 1469 ou 1470, d'indignes traitements, sur lesquels la publication de M. Emile Rousse nous a apporté de tristes et curieux détails.

Marie de La Roche Guyon fut en butte à l'animosité de ses enfants et de son beau frère, Jean d'Estouteville, sire de Bricquebec, qui s'entendaient pour dépouiller la pauvre veuve de sa fortune mobilière et immobilière. Ce n'est pas ici le lieu de tracer le tableau de toutes les persécutions qu'elle dut endurer.

J'emprunterai seulement au dernier livre de M. Rousse le récit des circonstances dans lesquelles la veuve de Michel d'Estouteville parvint à quitter le château de Hambie, qui était devenu pour elle une intolérable prison. Je laisse parler l'historien de La Roche Guyon, qui a dépouillé avec une grande sagacité les volumineux dossiers des archives de ce domaine.

Depuis le décès de Michel d'Estouteville, toute la famille, la veuve, les six enfants et Jean de Bricquebec, frère de Michel d'Estouteville, paraissaient fixés pour long temps au château de Hambie.

Cependant, Marie de La Roche Guyon ne se considérait pas comme contrainte à cette résidence et désirait reprendre, avec sa complète indépendance, ses droits de grande dame châtelaine sur ses domaines patrimoniaux de La Roche Guyon et d'Aulneau ; mais, dès les premières réclamations qu'elle adressa à ses deux fils pour son douaire et pour la restitution de ses meubles, elle s'aperçut que leur intention était de ne rien rendre et de maintenir leur mère dans une étroite dependance. Leur oncle Jean de Bricquebec fit cause commune avec eux.

Mais bientôt, paraissant prendre le parti de sa belle sœur, il lui dit que, si elle voulait être sa femme, il la traiterait bien ; que, par l'intermédiaire de son frère le cardinal d'Estouteville, ils auraient dispense du pape, et qu'il valait mieux faire une bonne maison que deux ou trois petites ; la dite dame répondit que pour rien elle ne le ferait et que ce serait pour les donner tous deux au diable. A l'occasion de quoi, depuis, la dite dame fut maltraitée par les dits oncle et neveux et n'y avait serviteur de céans qui osât venir vers elle.

D'autres documents relatent les doléances de Marie de La Roche Guyon sur ces mauvais traitements.

Ses enfants et leur oncle vinrent plusieurs fois devers elle, à Hambie, où elle était comme prisonnière, la voulant contraindre par voies iniques et déraisonnables de soy démettre de ses biens meubles et héritages.

Et la dite dame répondit qu'elle n'en ferait rien, et qu'ils lui baillassent ses biens ; que si l'un de ses deux fils s'en voulait demourer quant à elle et vivre avec elle, elle ne se remarierait jamais. Les enfants répondirent qu'ils n'en feraient rien, et qu'elle n'emporterait rien de la maison, usant contre elles de paroles arrogantes et de grandes menaces.

Et pour cette cause lui ostèrent hors d'avec elle toutes ses femmes et filles, elle estant malade, tellement qu'il convint que elle mesme, aidée d'une seule femme, âgée de plus de soixante dix ans, nommée Colette Le Tellier, fist son lit et se deschaussast, l'espace de deux ou trois mois.

Au milieu de ces agitations, la dame de La Roche Guyon, toujours retenue au château de Hambie, était tombée malade ; elle était violemment excitée contre ses deux fils, jusqu'à laisser entendre qu'ils avaient tenté de l'empoisonner avec une figue grasse ; son médecin, Jean des Loups était alors absent. A son retour, il ne parut pas prendre au sérieux cette tentative d'empoisonnement ; car il se contenta de donner à la malade une autre figue ; elle guérit, et se trouvant toute légère, elle disait qu'elle avait été empoisonnée et guérie par une figue grasse.

Mais, après sa convalescence, la surveillance, on peut même dire la captivité, devint plus étroite. Faut-il croire, ainsi que l'a si souvent raconté la dame de La Roche Guyon, que, dans le château et le bourg, il était défendu que hommes ni femmes ne communiquassent avec elle, et que Colette Le Tellier ne pouvait aller faire blanchir le linge au dehors sans le déployer à la porte ?

Se voyant ainsi maltraitée, et par la grande peur qu'elle avait pour sa personne, Marie de La Roche Guyon résolut d'appeler sa mère à son aide. L'entreprise n'était pas facile.

Madame Catherine Turpin de Crissé habitait alors Angers, en son hôtel de Monjehan ; c'était même du vivant de son mari, Gui de La Roche Guyon, sa résidence habituelle. A cette époque, entre Coutances et Angers, le voyage n'était pas aisé, et la surveillance exercée à Hambie rendait plus difficile encore toute communication entre la fille et la mère.

Marie de La Roche Guyon écrivit une première lettre, qui resta sans réponse ; mais, quelque temps après, elle récrivit à sa mère de la venir chercher, ou qu'elle « se dévaleroit par une fenestre et se yroit bouter en quelque couvent pour la sécurité de sa personne. »

Cette fois, l'appel était pressant, et la dame Catherine Turpin, « doubtant l'inconvenient de sa fille, » se mit aussitôt en route ; elle était accompagnée de plusieurs dames et gentils hommes, et de varlets, serviteurs et gens de pied autour de son chariot.

C'est avec une escorte respectable que la dame Turpin entra au château de Hambie.

La mère et la fille pleurèrent en se revoyant, et la mère trouvant sa fille en cette peine et misère fut fort ébahie.

Catherine Turpin demeura environ quatre ou cinq jours au château de Hambie. Pendant ce séjour, toutes les apparences de l'hospitalité seigneuriale paraissent avoir été observées envers elle et même envers sa fille.

Mais, si on croit les mémoires échangés plus tard entre des adversaires qui ne se ménageaient guère, cette hospitalité masquait à peine la violence des scènes de famille et la rudesse des mœurs de ce temps. Madame Catherine Turpin fit des remontrances au dit

Jean de Briquebec, et réclama le douaire et les meubles de sa fille ; « et lui respondirent l'oncle et les neveux qu'elle allazt à tous les diables, et qu'elle n'auroit et n'emporteroit riens, en usant autres paroles injurieuses. »

Des conférences entamées sur ce ton ne pouvaient guère aboutir à un accommodement.

La mère et la fille se décidèrent à partir ; il est probable que les châtelains de Hambie n'osèrent pas s'opposer à leur décision. Mais, le jour du départ, ils suivaient les deux dames en réitérant leurs injures, et leur marchaient presque sur les talons.

Catherine Turpin se contentait de dire à sa fille : « Ma fille, prenez patience ; nous ne serons pas toujours ici ! »

Jusqu'au bout, l'oncle et les neveux furent intraitables ; ils ne permirent pas à Marie de La Roche Guyon d'emmener avec elle ses quatre filles, dont la cadette Catherine avait à peine sept ans, ni d'être accompagnée de quelques dames de son service. Ils ne souffrirent pas qu'elle emportât ni or, ni argent, ni joyaux, ni même des vêtements, absolument rien, et en sortant, sous la porte du château, elle déceignit sa robe de deuil, et disait : « Vous voyez bien que je n'emporte rien que ma chemise et ma petite cotte, ma robe de deuil, mon manteau et mon chaperon et n'emporte rien autre chose. » En effet, elle n'emportait rien, sinon un petit chien sous son bras.

Ce récit est confirmé de tous points par de nombreux témoins, et, bizarrerie de la mémoire, le petit chien est resté dans tous les souvenirs : trente ans après, tous les témoins répètent : « La dite dame n'emportait rien, sinon sa robe percée au coude, et sous son bras un petit chien appelé Papillon. »

Ainsi partirent les dites dames de Hambie, et s'en allèrent à Angers en l'hôtel de Catherine Turpin.

Il n'était pas inutile de remettre en lumière des pages aussi intéressantes pour l'histoire d'un château dont le nom revient souvent dans les annales de la Basse-Normandie et dont les ruines rappellent tant de souvenirs.

Léopold Delisle.

www.ingramcontent.com/pod-product-compliance
Lightning Source LLC
Chambersburg PA
CBHW061800060726
47597CB00007B/3034